I0711749